JN411288

우크라이나 어머니의 눈물

심지시선 050

우크라이나 어머니의 눈물

2023년 9월 25일 초판 1쇄 발행

지은이 오충
펴낸이 윤영진
기획편집 함순례
홍 보 한천규
펴낸곳 도서출판 심지
등록 제 2003-000014호
주소 34570 대전광역시 동구 대전천북로 12
전화 042 635 9942
팩스 042 635 9941
전자우편 simji42@hanmail.net

ISBN 978-89-6627-242-6 03810

심지시선 050

우크라이나 어머니의 눈물

오충 시집

시인의 말

사람이 사람을 죽이려 한다.
어떤 경우에도 상상할 수 없는 일이다.
총과 칼로만 죽이는 것은 아니다.

힘을 가진 자들이여!

부디, 용서와 화해
사랑과 평화의 실현으로
세상을 아름답게 꾸며보자.

2023년 가을
오충

차례

제2부 해바라기 노인

제3부 여행지의 엽서

〈일러두기〉

*본문에서 〉는 '단락 공백 표시'로 한 연이 새로 시작된다는 표시이다.

제1부
일상은 찢기고 사라지고

오징어 게임*

먹고 먹히는 숨 가쁜, 싸움
너를 죽여야 내가 산다

악마로 변해야 돈을 갖는다

낙타,
바늘귀를 통째로 삼키려 하는.

Squid game

Eating and being eaten, out of breath, battle
I have to kill you to live

Must turn into a devil to get money.

The camel,
tries to swallow the entire needle`s eye

* Netflix의 드라마

우크라이나 어머니의 눈물

예상치 못하게 들려오는 폭발음
그 소리에
일상은 순식간에 사라지고
누군가는 가족을 잃었고
누군가는 행복을 잃었고
누군가는 죽이고
누군가는 죽임을 당하고

서로 모르는 그들
왜 죽여야 하는지 이유도 모른 채
방아쇠에 손가락을 걸고
자신을 지키려 한다

펑 하는 폭발음과 함께
흔적도 없는 몸통은 고사하고
혼자 가야 할 먼 길을
손이라도 잡아 보내고 싶어

날아가 버린 팔뚝 찾아

무너져 내린 건물 틈을 헤매는
울 힘조차 없는 어머니.

전쟁

하늘에 까만 별들 쌓이더니
섬광이 번쩍, 불기둥이 치솟고
우뚝 솟은 건물들 주저앉아 버리네
아름다운 도시도 자태를 잃어버렸네

고향을 떠나 터덜터덜
몇 번이나 돌아보고 또 뒤돌아보지만
언제 다시 올 수는 있으려나
처절한 발걸음들

인간의 무모한 욕심은
세상을 어둠의 공포 속으로 몰고
비참한 생존의 갈림길에 서게 하네
갈기갈기 찢어지는 일상들

신이시여, 다시는
인간이 인간을 죽이지 못하도록
불꽃보다 진한 사랑으로
우리를 구원하소서.

어린 낙타

굴뚝 청소를 하고 나온 아이는
맞닥뜨린 친구가 세수하는 이유도 모른 채
항상 커튼 속으로 숨어든다지
까만 눈동자 빠끔빠끔 문밖을 살핀다지

옷매무새가 깔끔하면 착해 보이고
지저분하면 못되어 보이고
말이 어눌하면 깔보며 짓밟고
제 목소리 내면 시끄럽다고 하는 세상

진실은 항상 그렇게 숨어서 맴돌고
어린 낙타는 바늘귀 앞에서 머뭇거릴 뿐이고.

세 번 들은 이야기
– 아프가니스탄 6살 소녀의 일기장

떠오르는 밝은 태양을 바라보며
아름다운 꿈을 가지는 아침이었다

가족들의 아침 식사를 위해 빵을 사러 갔다
"몇 개 줄까?"
"다섯 개요"
"보통 2~3개를 먹는데, 아프가니스탄 사람들은 5개씩이나 먹는구나"
소녀가 처음으로 들은 말이었다

빵이 나오기를 기다리는 동안
곁으로 다가오는 어느 소년에게
"아프가니스탄 사람은 더럽고 냄새나"
소년을 잡아끌며 그 엄마가 귓속말한다
소녀가 들은 두 번째 말이었다

다시는 빵을 사러 가지 않겠다고
집으로 돌아와 우는 소녀에게
아빠는 "참고 인내해야 한다, 너는 아프가니스탄인이

니까"

소녀가 들은 세 번째 말이었다

그날 이후 밝은 태양과 아름다운 꿈은
소녀의 가슴속에서 사라져 버렸다.

병 속의 새

조그마한 병 속에 갇힌 내 얼굴
신세대 유행의 사진 액자라고 한다

병 밖에서 병 안의 나를
신기한 듯 바라본다

만다라*의 병 속의 새
팔딱거리는 그물 속의 금잉어

새장에 갇힌 새는
새장 문을 열어 놓아도 새장에 머무른다

와장창,
알을 깨고 나오는 나.

* 만다라: 김성동 소설

시간이 흘러도

어제가 모여 오늘이 되고
그 오늘이 내일로 떠돌아다닐 때
어우러지는 순간 속에
역사의 쳇바퀴는 돌아가는 걸

시내가 흘러 강이 되고
바다로 흐르고 또 흘러
오염된 물 마신 물고기는
우리 뱃속에서 꿈틀거리는 걸

덧쓰고 또 덧쓰니
지워진 글자는 보이지 않지만
내 마음속에 쓰였던 그리움은
총총 남아 있는 걸.

누가 죄인인가
— 영화 〈영웅〉을 보고 나서

살을 에는 추위의 눈발 속에서
피로써 결의를 다짐했다
이 한목숨 바쳐 조국을 지키겠노라고

문갑 속의 패물을 쥐여주는 어미
남겨놓은 가족 걱정은 뒤로하고
떠나는 마음이 어찌 편하리오

기도 중에도 들려오는 폭발음
죽임과 죽음 속의 처절한 전쟁이여
분노와 절규 속에 찾아오는 순간들이여

나라를 구하는데 남녀가 따로 있을까
나라를 구하는데 장소가 따로 있을까
나라를 구하는데 천하고 귀함이 따로 있을까

핏빛 고통 속에서 배신의 유혹
고통의 수만큼 밀어내면서 조국만을 생각했다
죽음과 맞바꾼 조국은 무엇일까

하늘이여 하늘이시여
저를 도와주소서. 지켜주소서
주님의 뜻대로 평화롭게 하소서

조국을 되찾는 것은 이천만 동포의
평안함을 지켜 주기 위함이고
조국의 후세에게 미래를 주기 위함이나이다

주여, 허락하소서
한순간만이라도 기도할 수 있는 시간을 허락하소서
주여, 인간임을 이해해 주소서

누가 죄인인가, 누가 죄인인가
조국을 지키기 위해 싸우는 이
주님 앞에 누가 죄인인가

주님이시여
하느님 앞에 두려움 없이 서게 하소서
온전히 조국의 독립 이루게 하소서.

소리들

양철 지붕 찢기는 소리
유리창 깨지는 소리
바람에 휘청거리는 나뭇잎 소리
하늘을 뚫는 돌멩이 소리

거대한 파도에 휩쓸려
비틀거리는
어둠과 어둠 속
세상을 삼키려 하는 소리들

내 소리는 들을 수 있을까
누구 하나 귀를 기울일까

단지 중얼거릴 뿐이다
우물우물 혼자 지껄일 뿐이다.

컹컹

곪고 또 곪아
이쪽저쪽으로 삐죽 돋아난
머리통만 한 혹이 고름 밭이네

어미개 다리를 붙잡고 소독을 시작하니
반복되는 쓰라림 견디지 못하고
못내 발버둥치며 벗어나려 하네

지켜보고 있던 새끼가 참으라는 듯
컹컹 짖어대네
제 어미 통증을 쓰다듬듯
말 못 하는 짐승인데도
내가 무엇을 하는지를 안다는 듯

짐승도 이렇게 고통을 나누네
컹컹, 그 울음 사무치게
내 손길 적시네.

더는

코로나가 휩쓸고 간 자리
공허와 불신 깊어지고
잔기침 폐를 간지럽히며
콜록콜록 우리를 멀어지게 하네

언제나 그랬었지
역병이 돌고 나면
피비린내 나는 잔혹한
전쟁이 도사리고 있었네

눈에 보이지 않는 공포
눈에 보이는 공포
너와 나의 눈을 멀게 하는 공포

어찌 우리는
망각 속에서 산다는 말인가
어찌 우리는
한 치 앞을 보지 못하는가.

세계 속의 한 가족

인도의 향신료부터 멕시코의 살사까지
식탁 위에서 춤추고 흐르는 맛들
다양한 요리는 경계 너머
고단한 하루를 녹여주네

영어, 스페인어, 프랑스어, 한국어……
방언의 교향곡에 이르기까지
언어와 전통, 문화가 달라도
이념 너머 서로의 빛깔로 섞이네

국경은 이미 허물어지고
떼려야 뗄 수 없는 세계 속으로
뻗어나가며 뭉쳐야 하는
너도 인간, 나도 인간.

내면의 빛

어떤 빛이 내 앞에 어른거리네
눈을 감았다 떴다 반복하니
더욱 선명해지고

어느 때는
주위를 환하게 비추며
나를 황홀하게 하네

깜깜한 밤이 찾아오면
느릿느릿 어둠과 친숙하도록
빛을 기다리면 되네

너무 세차게 빛이 달려들면
한 발짝 멀찍이 물러서서
평온해지는 법을 배우고

나 스스로를 어둡게 하니
내면의 빛이 차오르고
고요가 깊어지네.

거미의 유혹

내 방으로 와
끈적끈적 놀아보게

나비는 멋진 나선모양
그네 타는 유혹에 이끌려
팔랑팔랑
그렇게 움직이지 못하게 되었네

거미는
거미는
그물을 펼쳐 놓고
또다시 흔들흔들.

세월

이른 아침 눈을 떠 보면
어제는 이미 지워지고
내일이 저만치에서 성큼

월요일인가 하면 어느새 일요일이 오고
새해 아침인가 했더니 한 해가 저물어 가네
시간이 빠른 것인지, 내가 서두르는 것인지

젊음의 에너지 충만했던 시절은 아득하고
유년의 꿈들도 아련한 아지랑이
겨울 앞으로 다가서는 노인이여

바람처럼 물처럼 흘러
이제야 사는 맛 어렴풋이 알려 하는데
시간은 어김없이 정시를 가리키니

추임새 없는 빛의 속도로
톡톡, 번갯불에 오늘을 볶아보네.

벚꽃길 걷다 보면

망울망울 물오른 꽃 몽우리
길가에 늘어서
온 세상 하얗게 유혹하네

꽃길을 찾은 사람들
봄에 취해서 강물에 비치는
향기에 취해서 너울춤 추네

그 길 걷다 보면
침략의 선홍빛 울컥 올라오기도 하는데
무명 치마에 젖어든 피멍
검붉게 번져 가는데

저 아름다운 꽃망울 속에
제 살 떨어져 나간
우리의 설움 어른거려
마냥 즐겁지만은 않네.

널뛰기

제아무리 높은들
오르고 또 오르면
못 오를 리 없건만
제 키의 두 배를
훌쩍 넘어서 버린
나무를 올려다보며
자라지 못한 키를
원망했던 슬픈 추억의
그 소년

나무보다
더 쑥쑥 올라가는
집 더미에 눌려
몇 번의 기회 두둥실
놓치고 나니
집값은 이미 제 키를
훌쩍 뛰어넘어서고
나무 그늘 밑
어린 시절처럼

또 깊은 한숨

오르고 또 오르면
못 오를 리 없건만.

희망을 찾아서

꿈을 꿉니다
잠을 자야만 꿈을 꿀 수가 있습니다

잠 못 이루는 밤
뒤척이며 꿈을 찾아 헤맵니다

잠을 자지 않아도
꿈을 꾸지 않아도

희망을 희망합니다
오늘도 충혈된 눈으로 새벽을 맞습니다.

뿐

펑크가 나도
바퀴는 구른다
덜컹 덜컹거릴 뿐

이가 없으니
잇몸이 고생이다
오물오물 삼킬 뿐

시간이 흐르고
약속은 지켜지지 않지만
초바늘은 바쁠 뿐

어쩌면, 어쩌면
네가 있으나 없으나
나만 없을 뿐.

길고양이처럼

여우 골 빠져나와 한숨 돌리니
바깥세상은 온통 이리만 득실득실

이리저리 둘러보아도 손 내미는 이 없고
등골 시린 냉기에 온몸은 떨려오고

밀림의 제왕 호랑이와 친해 보려
입가에 붉게 피 칠하고 강인한 척

시냇가에 쪼그려 앉아 붉은 물감
벅벅 문지르니 제 살갗만 벌겋게 쓰려오네.

오후 6시

하루의 3/4이 노릇노릇 구워지고
분침과 시침이 나란히 누워버리고
어둑어둑, 느린 걸음으로 찾아오는 저녁

별과 달은 하늘 무대로 출연 준비 중
퇴근길, 걸음걸음 바쁜 봉급쟁이
더 빠르게 저물어가는 노을

하루의 1/4은 살금살금 되돌아 눕고
휘황한 불빛을 열어가는 거리
남은 1/4을 어디서 보내야 할까.

제2부
해바라기 노인

꽃병

꽃병이 깨졌다
와장창,

물을 너무 많이 채웠나
향기가 진한 독이었을지도
어쩌면 꽃병이
꽃을 품기 싫었을지도.

장군산 둘레길

숲으로 들어서니
구불구불 오솔길
나무뿌리 잔등 드러내며
나를 반기네

위태롭고 불안한 출셋길
동아줄 하나만 잡으면
반듯반듯 고속도로가 열릴 거라는데

그 줄 놓치면 아슬아슬 위험해도
엘리베이터 고공행진의 욕망
식지 않는데

많고 많은 길 중
나는 오솔길 걸으며
빌딩 숲에서 앉은 먼지를 털어보네
몸과 마음 비워 보는 것이네.

삶은 계란

뜨거운 물에 뛰어들 용기 없어
머뭇머뭇 그대로 날계란이구나

용기를 내 정신없이 뛰어드니
온통 데인 자국 흉터투성이구나

펄펄, 끓는 물에서는
몸을 이리저리 잘 굴려야 깨시지 않는구나

그리고 잘 식혀야 완성되는구나
뜨겁고 차가운 그 사이에서.

저 들판으로

봄 햇살이 덥게 느껴지는 오후
끝이 보이지 않는 밭 한가운데
밀대 모자 눌러 쓴 농부의 아들 둘
부지런한 손놀림이 예사롭지 않아

고추를 심는다고 하였다
전직이 선생님이었던 두 남자
은퇴 후 농사꾼이 된
한 분은 음악, 한 분은 영어 선생님

콧노래, 즐거워 절로 움직이는 손
콩나물 입에 물고 고추가 열리겠지
알파벳 중얼거리며 고추가 열리겠지
이미, 가슴속 영근 고추는 제각각 모습

어쩌면, 그 둘은
갇혀 있던 사각 틀 안에서
쉬이 밝아오지 않는 아침을 투덜대며
저 들판으로 들어오기 위해 지금껏 기다렸는지도.

지렁이의 외출

아스팔트 위 지렁이 한 마리
상쾌하게 쏟아지는 빗방울 소리에
심기일전, 목욕 길 나선다

온갖 시름, 절망을 씻어내는
순간순간에 취해버리는 몸

한 설음 한 걸음
다시 오체투지, 집으로 돌아가지만
태양이 떠오르는 속도 이겨낼 수 없는데

결국, 말라비틀어진 온몸 위로
수많은 개미들이 올라탄다.

이별의 셈법

햇살의 반짝임만큼이나
너와 나의 거리는 따갑게 느껴지고

예감된 틈새 사이로
우리는 이제 볼 수 없을지도 모른다

순간순간 밀려오는 눈물
지난 이야기 소환할 때

추억이라는 옷을 입는가
기억이라는 장치에 저장되는가

너의 빈자리
일과 사랑으로 메우고, 덧씌우고

점차 희미해지는 이야기는
새로운 사랑을 조각하는 기억의 셈법.

도로 위 쓰레기 봉지

길거리에 나동그라져
서로 끌어안고 있는 폼이라니

가만히 바라보면 간절하고
갈 곳 없는 마음 애절해 보이니

지나치고 돌이켜 생각하면
너 갈 곳 이미 정해져 있나니

미련이 머무르는 마음만 안타까울 뿐
너는 너대로 나는 나대로.

어디가 흰색일까

발을 디디면 디딜수록
수렁에 잠긴 발 묵직하게 눌린다

순수를 지향하는
순수를 가장한 가장무도회는
굴레에 묶인 염소를 원하고

젓갈 비린내 물씬거리는
시궁창 냄새 가득한 그곳
무취증 환자들만 득실거린다

세상은 가끔 깨끗하고 맑은 곳에서
가장 어두운 꽃들이 피어난다
검정을 하양이라고 우기면서.

많이 졌다

학창 시절 교복처럼
같은 빛깔의 와이셔츠 차림

치아를 드러내며 환하게 웃는
서로를 어우르는 눈빛

두 사내의 오랜 우정이
막걸리 사발 위에 둥실둥실

몸은 점점 기울어지고
이야기도 점차 걸쭉해지는데

탁주잔에 내려앉는 꽃잎 하나
짙어지는 술 향기

부러우면 진다는 말이 있지만,
오늘은 지고 또 지고도 행복했네.

팬터마임

관객 없는 공연이 시작된다
몸이 움직이고
빈 의자와 천정이 속삭이고
소리 없는 박수는 회오리바람
배우들의 가슴에 메아리친다

선수들뿐인 농구경기가 시작된다
달리고, 던지고, 치고, 빼앗으며
맞네, 틀리네,
선수, 감독, 심판들만 왁자지껄

허공에 수를 놓듯 써 내려간다
아무도 읽지 않는 글을 쓴다
작가들끼리 둘러앉아 읽는다
쓰고, 또 쓰고, 피를 말리며

서점 귀퉁이에 쌓인 시집은
보이지 않는 먼지 속에서
벌써 훨씬 오래전부터

코로나를 앓고 있었나 보다.

달빛에 숨겨 놓은

홀로 남은 상처
알코올로 달래 보지만
쓰라리고 쓰라려
휑하니 패인 분화구

아픔 없는 사람 있을까마는
골골 사연 뜯어내고 바랜 자국에
온몸은 달 표면처럼 곰보딱지

위장술을 부려보네
하얗게 분칠하고 덧발라
빨간 립스틱 짙게 발라
달빛에 숨겨 놓은 비밀.

공약空約

이상한 나라이다
몸뚱어리는 없고 머리만 있다
허공을 날아다니는
먼지 같은 소리만 있다

하늘도, 구름도, 별도, 달도 없다
금배지만 번쩍거린다
모두 수소가스 머금은 입으로
바람 빠지는 소리만 낸다

규칙도 무시
법률도 무시
일사천리, 만장일치, 혹은 감언이설
표를 모으기 위한 장사꾼들
흡혈귀처럼 혈세 빨아먹으려고
목울대를 세운다

수상

잿빛 하늘 자욱한 안개 속에
어김없이 사라지는 신기루처럼
허언만 난무하는 문학의 공간이여
서로서로 주거니 받거니, 수상이구나

수상하기 짝이 없는 수상이구나

수상은 수상한 사람의 몫
수상하지 아니한 나
입 꾹 다물고 묵언 수행 중.

황소

높이 날아오르는 새는
높이 오른 만큼 추락하는
속도가 더더욱 빨라지나니

날개를 가지는 것보다
나는 법을 배워야
오래오래 날 수 있나니

불나방은 타오르는
불을 무서워하지 않고
제 몸을 다 태워 버리고

우직한 황소는
주인의 채찍질을 감내하며
커다란 눈만 껌벅껌벅.

사순절

버려야 얻는다
변하면 죽는다
죽으면 변한다
살아있는 것 모두 죽는다

자기만의 십자가
고통과 죽음을 알고
처절하게 내던져지고

모두 내려놓고 훨훨
강물에 흘려보내고 싶어도
꽉꽉 부여잡는 삶
출렁거리는 십자가의 길

수시로 무너지고 흐물흐물하는
세속에 묻어나는 죄들
비 오는 날 젖어 드는 십자가.

연분홍 꽃

아프다,
참기 힘들 정도로 아프다
말한들 무슨 소용 있겠느냐

힘들어,
참기가 너무 힘들어
아랫입술을 깨문다

입술에 번지는 선홍빛
누가 볼 새라
손수건을 꺼내 몰래 닦는다

붉게 물든 손수건 위로
연분홍 꽃 피어난다.

해바라기 노인

손바닥만 한 이불 속에
구부정하게 접힌 몸뚱어리
웃풍 심한 냉기 견디며
오늘도 홀로 잠이 든다

어김없이 찾아오는 아침
할 수 없이 눈 비비고 일어나
국 꺼내어 데우는 것도 귀찮아
찬물에 후루룩 밥 말아 먹는다

마당가 그 자리, 의자에 앉아
누구 하나 찾아오는 이 없지만
늘 누군가를 기다리는 해바라기처럼
온몸을 말리며 스르륵 또 잠이 든다

먼저 간 서방님도 만나고
어린 소녀 시절 꽃을 따 화전을 부치던
아름다운 추억 속에서
배시시 침 흘리면서 아이가 된 노인

〉

아직 정신 말짱하니까
절대 요양원 안 갈 거야,
혼잣말 꿈속에서
깨고 싶지 않은 해바라기 노인.

철근 숲

갈아엎은 논밭에서
꿈틀꿈틀 철근이 자라나네

쑥쑥 자라난 철근들은 옷을 입고
안경을 쓰고, 분 화장, 꽃단장
이 군락 저 군락 숲을 이루네

쭉쭉 솟아오른 몸통은 점점 높아져
하늘과 맞닿을 만큼 훌쩍 올라섰네

슬그머니 옆으로 드러누워
갈아엎을 새 경작지 찾아 발 뻗네

철근 사이에서 빠끔히 동이 트는 아침
보금자리라는 이름으로
토끼의 심장부 역할로 자리매김하네

곳곳에 여민락 울려 퍼지고
희망의 중심으로 우뚝 서네.

샌드위치

– 아들의 스페인 방문

스페인 궁궐 대 만찬 연회 중
따스하게 내리쬐는 햇볕 받으며
풀밭에 앉아 샌드위치 먹네
스페인산 양지 볕, 입안에 가득가득

지구의 역사는 자전 방향으로 돌고
궁궐 모퉁이 풀밭 위에서는
다른 빛살의 햇볕을 렌즈에 담아내며
세계사의 한 조각을 먹고 있었네

스페인산, 한국산 볕
스페인의 가치와 한국의 희망으로
세계사를 버무려 먹고 있었네
영원히 기억되는 한국사를 먹고 있었네.

늦가을 모퉁이에서

붉은 홍조를 띠며 방긋 웃던
얼굴은 어느새
황달 걸린 노인처럼 누렇게 퇴색되고
밤새 비바람에 시달리던 이파리들
땅바닥으로 쓰러져 간다

낙엽 밟는 소리 바스락
설레며 너를 그리던 날도
축축한 몸 진저리 치며
먼 데서 흐느끼는가

나뭇가지에 처연하게 매달린 잎새마저
쓸쓸히, 쓸쓸하게
혹독하게 닥쳐올 겨울바람을 기다리는데

가을이 쓰러지는 거리에서
우두커니, 갈 길을 잃는다
가을이 쓰러지는 소리를 밟는다.

이치

짠맛을 잃은 소금이
소금이라고 할 수 있겠느냐
어둔 곳을 밝히지 못하는 빛을
빛이라 할 수 있겠느냐

광활하게 펼쳐진 바닷가에서
종지기 하나에 담은 바닷물을
어찌 바닷물이라 하겠느냐

물밑에서 쉼 없이
두 다리를 움직이는 오리들
사막을 뚜벅뚜벅 횡단하는
무수한 낙타들이여

세상 어느 곳에서는
간절하게 두 손을 모은
빛과 소금 같은
태양보다 밝은 촛불이 있단다.

길이라 믿었다

길은 길이되
걸을 수가 없었다

아니 모두가 길이라 했다
가도 가도 끝이 없었다

어쩌면
그게 인생일지도 모른다.

제3부
여행지의 엽서

너

하얀 도화지
정중앙에 자그맣게 쓴
너

점점 자라 오르더니
도화지 붉게 꽉 메운다
너

한 글자 적었을 뿐인데
내 마음은 벌써 터질 것 같다
너.

까르륵까르륵

까르륵까르륵
웃음소리 톡 톡 굴러서
23층 창문을 넘어가네

하마, 기린, 코끼리, 토끼, 호랑이
엄마가 말하는 대로
13개월 아이의 손은 동물농장

뽀로로 뮤직 하우스 담장으로
얼굴을 내밀었다가, 대문 틈에 숨었다가
숨바꼭질 놀이에 온통 까르륵까르륵

아비는 당직하고 돌아와 쉬지도 못하는
딸이 애잔해 내내 서성이는데
딸은 예쁜 제 딸만 보며, 까르륵까르륵

행복 바이러스가 23층을
쉴 새 없이 오르내리며, 온 세상을
까르륵까르륵.

별

밤하늘 보며
입을 크게 벌려
별을 삼켰다

몸 안을
휘저으며
날아다니는 별

내 안에
욕심과 만나면서
빛을 잃는다

밤하늘 보며
입을 크게 벌려
제자리로 보내준다

편하게
잠들 수 있는 밤
별도 함께 자리에 눕는다.

비밀

내 발바닥에 눈이 자라고 있나
파릇파릇 피어나는 풀꽃들을 피해 다니고 있네

내 가슴에 꽃이 자라고 있나
아름다운 사랑이 매일매일 피고 있네

내 겨드랑이에 날개가 자라고 있나
밤마다 하늘을 훨훨 날아갈 수 있네

내 엉덩이에 뿔이 자라고 있나
세월의 언덕이 허리를 짓누르네.

여행지의 엽서

시간을 초월한 풍경
석양이 저무는 해변
너울거리는 구름
황홀하게 아름다웠던 날들

엽서 안에 모두 살고 있었다

단지,
너만 보이지 않는다
모든 세상의 축복
쓸쓸하게 우체통에서 잠들고 있을까.

걸음마다

이른 아침
잔디밭을 걷는다
새벽이슬 잔뜩 머금은
풀잎이 발목을 간지럽힌다

톡 톡
내딛는 걸음마다
이슬과 풀잎이 연주하는 하모니를 듣는다
사랑이 돋아난다

오늘도 기꺼이 살아지겠다.

첫눈

하얗게 첫눈이 오는 날

매서운 바람과 함께 내리는 눈발 속
외로움에 촉촉이 젖은
술잔을 부딪치는 두 남자

어깨 위로 쌓이는 고독을 안주 삼아
방울방울 독하게 엉켜 있는
추억을 마셔버리네

젊음을 달궜던 용기는 잠들고
눈발은 점점 거세게 몰아치고
귀가 걱정에 창밖을 힐끗거리네

출렁거리는 쓸쓸함을 내려놓으니
경계가 흐려져 캄캄한 도로
이제야 세상의 무서움을 아나 보네

하얗게 첫눈이 오는 날.

네가 있어서 참 좋다

함부로 할 수 없는 이야기
누구도 들어선 안 되는 이야기
모두 들어주는
네가 있어서 참 좋다

가만가만 들어주고선
따뜻하게 품어 주기도 하는
가끔은 눈물로 대신 울어주는
네가 있어서 참 좋다

바람 따라 실려 보내고
구름에 두둥실 날려 보내고
아무도 모르게 땅속에 묻어버리는
네가 있어서 참 좋다

할 수 없는 이야기
들어선 안 되는 이야기
하루에도 몇 번씩 하늘 높이
다양한 얼굴로 날 지켜봐주는

네가 있어서 참 좋기만 하다.

소나기

아침 산행길에
빗방울 후드득후드득

때 묻은 일상을 씻어내며
주르륵 주룩 상쾌하게 두들기네

하얀 꽃잎, 풀숲 나무들도
일제히 깨어나 재잘거리네

느닷없이 즐거운 동행
오늘 귀한 손님 오려나 보네.

호미 사랑

고향 하늘 푸른 들판
쪼그려 앉아
수건으로 머리 꽉 싸매고, 한 걸음 한 걸음
밭고랑을 파헤쳐 나가는 조막손

잡풀 뽑으며, 잔돌 골라내며
쉬엄쉬엄 앞산도 쳐다보며
얼굴에 흘러내리는 땀 훔치네
호미 사랑으로 싱그러워지는 들깨밭

동구 밖 삽살개 멍멍 짖어대고
뉘엿뉘엿 저물어 가는 저녁노을
옷자락 먼지를 털어내는 어머니 손에는
닳고 닳은 호미 들려있네

마당 수돗가에서
호미에 가득 묻어있는 흙을 씻는
어머니의 허리춤
구부정한 호미 닮아가네.

먼지

책상다리 밑
예쁜 꽃인 양 살포시 앉아있는 그것들

걸레질을 아무리 깨끗이 해도
구석구석 숨어서 지켜본다

가끔은 책상 위로 올라와
몰래 책갈피 사이로 스며들기도 한다

책상 밑에 쌓아둔 책더미에 덕지덕지 쌓이더니
언제 읽을 거야, 나를 채근하기도 한다

콜록콜록 기침을 뱉어내자
거봐 진작 살폈어야지, 놀리기도 한다

너는 별수 있어?
으름장을 놓듯 하얀 곰팡이로 번식 중이다.

아비 마음

"아빠가 뭘 알아?"
"당신은 잘 알지도 못하면서"
쐐기 박는 말 한마디에
펑 터져버린 가슴

찢어지는 마음
여밀 사이도 없이
그냥
그냥, 우리 가족 잘 되길 바라는
이슬 맺힌 기도

부쩍
말수가 줄어든다
가끔씩
흘러내리는 눈물을
남몰래 훔친다.

노숙자

벌건 대낮에 깡술 마시며
서울역 광장에 널브러져 있는
팽이꽃처럼 피어오른 배
봄은 사골 판지 위에서도 피는가

두꺼운 박스 서열 다툼은
하루를 이겨내는 습관처럼 치열하고
쓰디쓴 술 한잔 마시는 것도
단내 나는 이곳의 짬밥이다

지나치는 여행객 보거나 말거나
무심한 척해도
짬밥 서열에 촉각을 세운다

소크라테스, 공자, 정치인, 검사
지난날 화려한 이야기 잔치에
매일 매일 은하수 피는 밤
굴러들어온 돌이 박힌 돌 뺄까 봐 잠 설친다.

포장의 진화

아파트 동쪽에 자리 잡은 쓰레기 집하장
가을 하늘 높이만큼, 빈 상자들 성벽을 만든다
그 왼쪽 스티로폼 포대에는
이미 이집트의 피라미드 옮겨 와 있다

내면보다 외면이 중요한가
보기 좋은 떡이 맛도 좋은가
날로 좋아지는 포장의 포장들

거만하게 자리 잡은 코로나 탓에
온갖 배달 음식들 갖은 모양새 내면서
현관문 앞에 사열 중인 일회용품들

우리는
언제부터
겉과 속이 다른 모습에 익숙해진 걸까.

사랑해

인간과 가장 가까운
오랑우탄에게 사랑을 가르치면
사랑만 하다가 말라 죽어 버린다
결국 사랑의 독약에 죽게 된다

사랑은 묘약인가 마약인가
사랑은 아픔인가 기쁨인가

인간의 가장 아름다운 행위
사랑이라는 말
지성과 감성의 교차점에서
지킬과 하이드가 만나기도 하지만

사랑해
그 한마디에
불을 피우는 마법이 시작된다.

바람

솜털같이 가볍게 날아오르더니
살포시 마음을 흔들어 차지하더니

눈 깜짝할 새, 폭풍으로 바뀌었네
촉촉한 내 마음 휩쓸어 버리네

이 밤, 저녁노을과 함께 스쳐 간
쓸쓸한 바람으로 기억될 뿐이네.

전화벨 소리를 놓쳤다

전화벨 소리를 놓쳤다
놓친 전화번호를 다시 눌렀다
얼마 전 대장 검사를 했던 병원이었다
원장이 지금 통화가 곤란하니
다시 전화를 준다고 했다

몇 시간을 기다렸을까
모래바람 부는 사막처럼
지옥 같은 고통의 시간이 흘렀다
악몽 같았던 지난날의 진단 결과가
온통 머릿속을 웽웽 날아다녔다

전화벨 소리를 잡았다
대장용종을 뗀 조직검사 결과
"그래서 뭔데?" 머릿속은 다른 단어로는
조합이 되질 않았다
"대장암은 아닙니다"

쉬운 이야기를 어렵게 전달하는 기교

쉬엄쉬엄 피를 말려서
온몸에 수분을 다 빼고 나서

너는 일상이겠지만
기다리는 나는 역사 소설을 쓰고 있었다.

잃을 것 없는 사람

잃을 것 없는 사람이 가장 무섭다고 했나

허공을 가르는 텅 빈 손
무엇을 잡아보려고 버둥거리나

결국 돌아가는 길에는 아무것도
가져갈 수 없는데

펄떡거리는 가쁜 호흡은
공기 한 방울 허락되지 않는다

가만히 눈을 감는다
다시는 떠지지 않을 눈꺼풀

잃을 것 없는
가장 무서운 사람으로 변하여.

바보와 얼간이

프로필 사진을 찍으러 갔네

달을 머금고 별을 바라보라
이리저리 시키는 대로 포즈를 취하고
이미 만족해 버린 바보는
사진은 확인도 하지 않은 채
달라는 금액보다 조금 더 주려고 하네

다른 곳보다 훨씬 싼 가격인데도
웃돈은 받지 않겠다고
한사코 손사래를 치는 주인은
맛있는 음식점도 아닌 사진관을
자주 들리라고 하네

잠시 후 인화된 사진 속에는
바보와 얼간이가 사는
아름다운 동네가 두둥실
배경으로 떠 있었네.

도고 성당

산속에 우뚝 솟은
아름다운 성당
경건한 풍광으로
나를 품어주고

들어서는 길목에서
아기를 안고 지극히
바라보는
어머니의 눈길이여

동산 곳곳에서
찬양의 노랫소리 울려 퍼지고
찬양하며 기상하는 아침이여
매일매일 사랑하리라

바다를 갈라놓은 모세의 기적처럼
광활한 간척 평야를 바라보며
내 맘에 번지는 주님의 온화함
평화로움이여

〉

푸른 하늘과 바다가
끝없이 펼쳐지는 성당
가슴에서
종일 너울거린다.

멈춰 세워볼까

쓸쓸하게 붙어 있는 달력 한 장
십이월 벼랑에서
달랑, 혼자 버티는 모습 처량하다

미래의 이별은 꿈도 못 꾼 채
옹기종기 살갑게 서로 기대어
한 해를 시작했던 그림과 숫자들

시간이 가면 또 한 장 한 장씩
찢기고 더럽혀져 돌아오지 못하겠지
유채화로 그려 넣어 멈춰 세워볼까.

해설

공의(公義)와 공감의 후마니타스

김영호(문학평론가, 시인)

작은 떨림에 반응하는 공감

오충 시인은 주변의 작은 것들의 떨림에 민감하게 반응할 줄 안다. 그는, 남편을 여의고 홀로 마당 가장자리 의자에 앉아 햇볕 바라기를 하는 노인, 짬밥 서열에 촉각 세우고 잠을 설치는 노숙자, 새벽이슬을 머금은 풀잎, 심지어는 곰팡이로 번식 중인 먼지와 길거리에 나뒹구는 쓰레기 봉지까지 세심하게 바라보며 연민이나 공감의 마음을 보낸다. 아무도 찾아오지 않는 집에서 밤새 추위에 웅크렸던 몸을 햇볕에 녹이며, 꿈속에서 정겨운 서방님을 만나고, 꽃다운 소녀 시절로 돌아가 요양원에는 가지 않겠다고 다짐하는 노파의 모습은 가슴 짠하고 애틋하다.

마당가 그 자리, 의자에 앉아
누구 하나 찾아오는 이 없지만
늘 누군가를 기다리는 해바라기처럼
온몸을 말리며 스르륵 또 잠이 든다

먼저 간 서방님도 만나고
어린 소녀 시절 꽃을 따 화전을 부치던
아름다운 추억 속에서
배시시 침 흘리면서 아이가 된 노인

아직 정신 말짱하니까
절대 요양원 안 갈 거야,
혼잣말 꿈속에서
깨고 싶지 않은 해바라기 노인.

—「해바라기 노인」 부분

이미 고령사회에서 초고령사회 진입을 눈앞에 둔 우리나라는, 국가는 세계 10대 교역국으로 선진국 대열에 들어섰지만, 노인빈곤율은 OECD에서 제일 높은데, 재정지원은 최하위권으로, 오랜 기간 국가발전에 함께한 노인의 삶은 매우 척박하다. 더구나 독거노인의 경우, 그 외로움과 독립적인 생활의 어려움이 훨씬 심각하다. 따라서 다양한 일상생활 지원과 사회참여 프로그램 제공이 절실하다. 시인은 독거노인의 애틋한 모습을 한 폭의 잔잔한 수채화처럼 보여줌으로써 노인의 애잔한 삶의 굴곡과 사회적 돌봄의 필요성 등 여러 사연을 담아낸다. 시인은 독거노인의 처지에 대한 의례적인 연민에 그치지 않고, 인간답게 사는 인간 존엄성의 구현에 대한 사회적 합의의 필요성을 "절대 요양원 안 갈 거야"라는 노인의 강한 다짐으로 드러낸다. 시인은 대상에 대한 공감에서 나아가 공평한 정의의 실현이라는 대안까지 제시하는 적극적 자세를 보인다.

이는 노숙자에 대한 반응에서도 확인된다. 시인은, 밤마다 지난날의 화려한 이력을 자랑하지만, 치열한 서열다툼 속에 두꺼운 박스를 차지하기 위해, 쓰디쓴 술 한 잔을 마시기 위해 촉각을 곤두세우고 잠을 설쳐야 하는 그들만의 세계를 보여준다(「노숙자」). 노숙자 문제는 우리나라뿐 아니라 세계 각국이 겪는 문제로 그 해결책도 다양하다. 대개 노숙자가 되는 원인은 질병이나 장애로 인한 소외, 사업 실패나 이혼 등으로 인한 가족 해체 등으로, 이들의 자활을 돕는 쉼터도 있지만, 자활 의지를 잃어버린 노숙자들에게 외면당한다. 실효성 있는 대책으로, 미국이나 영국에서 대가 없이 집을 마련해 주는 등 의식주를 보장해주거나, 조건 없이 현금을 나눠주었더니 오히려 자립 의지를 보인 경우가 많았다 한다. 시인은 노숙자의 현실을 실감 나게 보여주면서, 그들에 대한 사회적 대책 마련까지 생각하게 한다. 시인은 노인이나 노숙자 문제에 대한 공감에만 그치지 않고, 우리 일상 속 작은 먼지도 세심하게 살피고 대화하며 이를 매개로 새로운 생명체와 연결된다.

책상다리 밑
예쁜 꽃인 양 살포시 앉아있는 그것들

걸레질을 아무리 깨끗이 해도
구석구석 숨어서 지켜본다

가끔은 책상 위로 올라와
몰래 책갈피 사이로 스며들기도 한다

책상 밑에 쌓아둔 책더미에 덕지덕지 쌓이더니
언제 읽을 거야, 나를 채근하기도 한다

콜록콜록 기침을 뱉어내자
거봐 진작 살폈어야지, 놀리기도 한다

너는 별수 있어?

으름장을 놓듯 하양 곰팡이로 번식 중이다.

—「먼지」 전문

책상다리 밑에 예쁜 꽃인 양 살포시 앉은 먼지가 나를 지켜보고 또 책갈피 사이로 스며들어 책 읽기를 채근하며, 기침을 유발하기도 하다가, 습기나 영양분 등 적절한 환경과 만나 하얀 곰팡이로 번식해가는 모습을 아주 섬세하면서도 정감 있게 표현하고 있다. 사실 먼지는 우리가 사는 초록별인 지구나 우주의 별을 이룬 구성성분이다. 우주에 떠돌던 먼지나 티끌이 모여 별이 되었으니 말이다. 그리고 그 별이 노쇠해 폭발하면서 쏟아낸 생명의 씨가 원소가 되어 만물을 이루게 되었으니, 먼지와 우리는 긴밀하게 연결된 형제자매인 셈이다. 물론 먼지가 습기나 영양분과 만나 곰팡이가 되면 감기나 천식 등을 일으키거나 음식물을 부패하게 한다. 하지만 일부 곰팡이는 항생제나 의약품에 쓰이기도 한다. 무엇보다도 무생물인 탄소, 질소, 산소 등 지구상 원소들을 순환시키고 이를 생명체들과 연결하는 일을 곰팡이 같은 미생물이 한다. 지구의 모든 생명체와 자원을 연결해 전 지구적인 생명의 순환을 이루는 동력이 바로 미생물의 상호연결성이다. 그래서 세균과 세균의 공생으로 진핵생물이 탄생했다는 공생이론으로 생명 개념에 혁명적 변화를 가져온 생물학자 린 마굴리스는 '생명은 세균이다.'라고 단언했다. 그는 35억

년 전에 출현한 최초의 생명체인 미생물에게 우리 인간은 가장 늦게 도착한 손님이므로 겸허한 자세를 가져야 한다며 이렇게 말했다. "오늘날 살고 있는 모든 존재들은 똑같이 진화를 거쳤다. 모두 공통의 세균 조상으로부터 30억 년이 넘는 세월에 걸쳐 진화하여 살아남은 존재들이다. '고등한 존재'도, '하등한 동물'도, 천사도, 신도 없다. (…) 우리는 다른 생물들에게 혐오감이 아니라 경외심을 보여야 마땅하다." 이렇게 본다면 곰팡이가 "넌 별 수 있어?" 하고 으름장을 놓는 시의 모습이 과장이 아님을 알 수 있다. 다만 시인은 이런 과학적 진실을 먼지와 곰팡이에 대한 진지한 성찰과 시적 감수성으로 체득한 것이다.

낙타와 바늘귀 그리고 맘몬

기독교 신약성경에 예수와 재물이 많은 청년의 이야기가 나온다. 부자 청년이 예수에게 영생을 얻기 위한 행위에 대해 묻자, 예수는 계명들을 지킬 것을 말한다. 그 청년이 그 모든 것을 지켰다고 하자, 예수는 그러면 네 소유를 팔아 가난한 자들에게 준 뒤 나를 따르라 했더니, 그 청년이 재물이 많으므로 근심하며 돌아갔다는 이야기다. 예수는 이를 계기로 제자들에게 "낙타가 바늘귀로 들어가는 것이 부자가 하느님의 나라에 들어가는 것보다 쉬우니라."라고 말한다. 여기서 바늘귀가 '로프'라느니, '작은 문'이라느니 하는 여러 해석이 나오지만, 부자가 하느님 나라에 들어가는 것은 불가능하다는 의미에는 차이가 없다. 예수의 이런 극단적인 발언은 부자가 이룬 재물이 영원한 생명에 이르는 길을 가로막을 만큼 그 힘이 막강하다는 것을 의미한다. 특히 이 청년은 당시 유대 사회가 요구하는 계명을 모두 지키는 등 나름 선한 삶을 살면서 부를 이룬 것이므로, 부 그 자체가 잘못은 아닐 것이다. 그러나 예수를 따르려면, 즉 예수가 '열린 밥상 공동체'와 '무상 치료'로 만들어가는 하느님 나라에 함께하려면, 그 재물을 가난한 이웃과 나누는 것이 전제되어야 한다는 것이다. 밀턴은 『실낙원』에서 재물의 신인 '맘몬'을 어둠의 세력인 사탄 무리의 서열 4위에 해당한다고 말한다. 재물에 대한 인간의 탐욕이 얼마나 강렬한 욕망인가를 예수는 이렇게 경고한다. "한 사람이 두 주인을 섬기지 못할 것이니 혹 이를 미워하고 저를 사랑하거나 혹 이를 중히 여기고 저를 경히 여김이라 너희가 하느님과 재물을 겸하여 섬기지 못하느니라(마6:24)." 부에 대한 탐욕이 우리의 삶을 좌우할 때, 우주의 궁극적 에너지인 생명에 이르는 길을 막고 죽음에 이르게 할 만큼 치명적인 유혹인 만큼, 재물과 하느님 중 양자택일을 강조한 것이다. 시인은 이런 예수의 가르침을, 세계에 우리 대한민국 드라마의 힘을 과시한 「오징어 게임」이란 시에서 짧고 강렬하게 제시한다.

먹고 먹히는 숨 가쁜, 싸움
너를 죽여야 내가 산다

악마로 변해야 돈을 갖는다

낙타,
바늘귀를 통째로 삼키려 하는.

—「오징어 게임」 전문

'오징어 게임'은 456명의 사람들이 456억의 상금이 걸린 의문의 게임에 초대되면서 벌어지는 서바이벌 데스 게임을 소재로, 세계에서 엄청난 인기와 유명세를 누린 한국 드라마다. 영화 '기생충'이 상류층과 하류층 사이의 허물 수 없는 벽을 표현했다면, '오징어 게임'은 상대적으로 가난한 사람들이 돈과 출세를 위해 물불을 안 가리고 서로 경쟁하는 적자생존의 잔혹한 현장을 적나라하게 표현한 드라마다. 해외에서도 '가장 기이하고 매혹적인' 작품, '자본주의 사회의 축소판을 스릴 넘치게' 승화시킨 드라마로 호평했다. 하지만 여성 혐오와 폭력이 난무하는 반자본주의적 선동물이라는 혹평도 있다. 여하튼 적자생존, 승자독식의 한국 사회의 정글 자본주의의 민낯을 드러낸 드라마임은 분명하다. 그런 점에서 한국 사회의 반생명적

이고 노골적인 천민자본주의의 문제를 제대로 보여주기 때문에, 우리 사회의 병든 모습을 성찰하는 계기로 삼아야 한다는 지적에 유의해야 한다. 시인은 이런 병폐를 아주 긴박한 모습으로 보여준다. 특히 약육강식과 승자독식으로 표현되는 자본의 무한 질주를 "바늘귀를 통째로 삼키려 하는 낙타"로 비유해, 자신을 파멸시키고 나아가 세상을 황폐화하여 모두를 죽음에 이르게 하는 병든 욕망을 경고한다. 그런 점에서 우리가 흔히 말하는 K-드라마의 자부심은 우리 사회의 일그러진 자화상인지도 모른다. 시인은, 가혹한 아동노동을 고발하면서도 어린이에게 내면화된 전염성 탐욕을 「어린 낙타」에서 다시 경고한다.

굴뚝 청소를 하고 나온 아이는
맞닥뜨린 친구가 세수하는 이유도 모른 채
항상 커튼 속으로 숨어든다지
까만 눈동자 빠끔빠끔 문밖을 살핀다지

옷매무새가 깔끔하면 착해 보이고
지저분하면 못되어 보이고
말이 어눌하면 깔보며 짓밟고
제 목소리 내면 시끄럽다고 하는 세상

진실은 항상 그렇게 숨어서 맴돌고

어린 낙타는 바늘귀 앞에서 머뭇거릴 뿐이고.

—「어린 낙타」 전문

19세기 영국은 산업혁명 이후 크게 발흥한 자본주의로 번영을 누렸으나, 그 이면에는 빈곤과 열악한 노동환경이 있었다. 찰스 디킨스는 하루 10시간씩 일하며 자본주의 사회의 모순을 직접 경험한 뒤 가혹한 아동노동의 참상을 고발하는 『올리버 트위스트』를 썼다. 당시 영국은 산업혁명으로 석탄 사용이 늘어 잦은 굴뚝 청소가 필요했는데, 좁은 굴뚝에 직접 들어가 청소하기 위해 보통 5-8세의 아이들을 사다 썼다고 한다. 아이들은 벌거벗은 채 아래에서 위로 무릎과 발바닥을 벽에 대고 기어오르며 청소했는데, 온몸에 그을음과 껌정을 잔뜩 묻힌 채 매연을 마셔 질식하거나 암에 걸려 죽어갔다. 영국 사회는 이 아이들을 노비나 천민 대하듯 해서, 영국의 사회적 카스트라 불렀다. 시인은 이런 잔혹한 아동노동을 고발하면서도, 이 아이들도 바늘귀 앞에서 머뭇거리는 어린 낙타의 꿈을 가질 수밖에 없는 안타까운 사정을 보여준다. 사실 이 아이들에게 부자가 되는 꿈은 실현 가능성이 거의 없지만, 그런 욕심에 동화된 채 머뭇거린다는 것이다.

자기 비움과 하나 됨

시인은 "바늘귀를 통째로 삼키려 하는 낙타"로 비유한, 약육강식과 승자독식으로 표현되는 자본의 무한 질주에서 벗어나 부자와 가난한 자, 강대국과 약소국, 인종 간, 지역 간, 종교 간 대립이 없이 모두가 대등하게 인간다움(후마니타스)을 누리며 서로 화합하여 하나가 되는 그런 세상을 꿈꾼다. 시인의 이런 꿈은 「세계 속의 한 가족」에 아주 맛깔나게 표현되어 있다.

인도의 향신료부터 멕시코의 살사까지
식탁 위에서 춤추고 흐르는 맛들
다양한 요리는 경계 너머
고단한 하루를 녹여주네

영어, 스페인어, 프랑스어, 한국어……
방언의 교향곡에 이르기까지
언어와 전통, 문화가 달라도
이념 너머 서로의 빛깔로 섞이네

국경은 이미 허물어지고
떼려야 뗄 수 없는 세계 속으로
뻗어나가며 뭉쳐야 하는

너도 인간, 나도 인간.

―「세계 속의 한 가족」 전문

언어, 전통, 문화, 이념이 달라도 다양한 요리로 국경의 경계를 넘어 인류애로 서로 존중하는 '세계 속의 한 가족'이 되는 것은 얼마나 멋지고 아름다운 일인가. 그것도 자신의 색깔을 고집하고 상대에게 강요하는 것이 아니라, 서로의 빛깔을 간직한 채 씨줄 날줄로 섞여 무지갯빛 태피스트리를 짜가는 것은 얼마나 아름다운 보람인가. 이런 모습이 바로 품격을 지닌 인간다운 삶이 아닌가. 나아가 이런 하나 됨이 관념적인 당위성이 아니라, 아주 때깔 좋고 맛깔나는 요리를 통해, 구수한 맛과 그윽한 향으로 우리 몸속에 스며 나와 하나가 되는 것이니, 하나 됨의 실감이 아주 뜨겁게 다가오지 않는가.

그런데 우리가 진정으로 세계 속의 한국이 되려면, 우리의 자기중심주의의 편견과 독선을 먼저 비워내고 이웃 나라를 있는 그대로 받아들이는 태도를 가질 때, 이웃 나라와 서로 진정한 우애 관계를 맺을 수 있다.

버려야 얻는다
변하면 죽는다
죽으면 변한다
살아있는 것 모두 죽는다

자기만의 십자가
고통과 죽음을 알고
처절하게 내던져지고

모두 내려놓고 훨훨
강물에 흘려보내고 싶어도
꼭꼭 부여잡는 삶
출렁거리는 십자가의 길

수시로 무너지고 흐물흐물하는
세속에 붙어나는 죄들
비 오는 날 젖어 드는 십자가.

—「사순절」 전문

자신의 탐욕과 독선 그리고 자만을 처절하게 내던지는 '자기 비움'이 바로 십자가의 길이고 이웃과 온전하게 하나 되는 길이다. 그러나 우리는 자신의 모두를 내려놓고 강물에 흘려보내고 싶다고 소망하면서도, 정작 시간 속에 얽매여 과거의 미련과 현재의 안락과 미래의 욕심을 손안에 꼭 쥔 채 출렁거리고 흐물거리며 비틀비틀 십자가의 길을 간다. 이렇게 흔들리며 변화하려고 애쓰며 살아가는 것이 바로 우리가 지고 가는 십자가의 길이다. 세계 속의 한 가족도 이런 자기 부정과 자기 비우기를 통해 진정한 친선을 맺을 때 비로소 가능해진다.

공의로 이루는 평화의 비원(悲願)

시인은 이웃이나 타자의 아픔과 탄식에 민감하게 반응하며 공감을 통해 그들과 친근한 관계를 맺으려는 의욕이 강한 만큼, 우리의 일상을 처참하게 파괴하는 전쟁을 혐오하고 강하게 부정하며 평화를 갈망한다. 이는 시인이 이번 시집을 내면서 가장 역점을 둔 주제로, '시인의 말'에 잘 드러나 있다. 시인은, 사람이 사람을 죽이는 일은 어떤 경우에도 상상할 수 없는 일이라며 단호하게 부정한다. 그래서 사람을 죽이는 힘을 가진 사람들에게, 용서와 화해 그리고 사랑과 평화로 아름다운 세상을 만들어보자고 간절하게 요청한다. 시인의 그 간절한 소망이 정말 이루어졌으면 좋겠다. 그런데 막상 전쟁에 이르는 길은 복잡한 사연들이 얽힌 채, 또 강대국의 자기중심적인 이해관계가 뒤섞여 있기에, 잘잘못을 따지기가 쉽지 않다.

하늘에 까만 별들 쌓이더니
섬광이 번쩍, 불기둥이 치솟고
우뚝 솟은 건물들 주저앉아 버리네

아름다운 도시도 자태를 잃어버렸네

고향을 떠나 터덜터덜
몇 번이나 돌아보고 또 뒤돌아보지만
언제 다시 올 수는 있으려나
처절한 발걸음들

인간의 무모한 욕심은
세상을 어둠의 공포 속으로 몰고
비참한 생존의 갈림길에 서게 하네
갈기갈기 찢어지는 일상들

신이시여, 다시는
인간이 인간을 죽이지 못하도록
불꽃보다 진한 사랑으로
우리를 구원하소서.

—「전쟁」 전문

인간의 무모한 욕심이 낳은 전쟁은 세상을 어둠의 공포로 몰아넣고, 삶의 터전을 파괴하고, 일상을 찢어버리고, 생사의 갈림길에 서게 한다. 그런데 이런 전쟁을 그치게 하는 힘은 오직 신에게만 있다고 믿기에, 우리를 전쟁에서 구원해 주길 신에게 간절히 기도한다. 오직 기도의 힘이 전쟁의 승리를 가져온다는 것은, 구약성경의 전쟁신 여호와에 대한 믿음이었다. 그래서 늘 '만군의 주 여호와'로 불리는데, 이때 만군(萬軍)은 수많은 군대를 가리키므로, 여호와는 전쟁을 주관하는 신이 분명하다. 물론 여호와는 유대민족의 신이므로, 만군은 곧 유대민족 전체를 가리킨다고 볼 수 있다. 그래서 구약에서 전쟁은 늘 여호와에게 속한 것이라고 본다. 그러나 유대 민족이 주변의 강대국인 앗시리아와 바빌론과의 전쟁에 패해 나라를 잃고 포로가 되는 것은, 믿음이 아닌 역사 속 전쟁은 현실적인 힘의 역학으로 그 승패가 갈리는 것임을 알 수 있다. 따라서 전쟁을 끝내고 평화를 이루는 것은 우리가 간절한 마음으로 기도하며 평화를 이루기 위해 노력할 때 이루어지는 것이지, 신의 능력을 빌린 상대의 절멸로 이루는 것이 아니다. 이는 신의 이름으로 200년 동안 벌인 십자군 전쟁이 십자군의 패배로 끝난 것을 보아도 알 수 있다. 지금 2년간 벌이고 있는 우크라이나와 러시아의 전쟁을 보아도, 그 원인이나 잘잘못을 명확하게 구별하는 게 쉽지 않다. 이번 시집의 표제작인 「우크라이나 어머니의 눈물」을 통해 살펴보자.

예상치 못하게 들려오는 폭발음
그 소리에
일상은 순식간에 사라지고

누군가는 가족을 잃었고
누군가는 행복을 잃었고
누군가는 죽이고
누군가는 죽임을 당하고

서로 모르는 그들
왜 죽여야 하는지 이유도 모른 채
방아쇠에 손가락을 걸고
자신을 지키려 한다

펑 하는 폭발음과 함께
흔적도 없는 몸통은 고사하고
혼자 가야 할 먼 길을
손이라도 잡아 보내고 싶어

날아가 버린 팔뚝 찾아
무너져 내린 건물 틈을 헤매는
울 힘조차 없는 어머니.

—「우크라이나 어머니의 눈물」 전문

우크라이나와 러시아의 전쟁에서, 전선에서 싸우는 군인들은 왜 죽여야 하는지 이유도 모른 채 다만 자신을 지키기 위해 총을 쏘고 죽이고 죽임을 당한다. 사실 이 전쟁이 러시아의 우크라이나 침략으로 전면화한 것은 분명하지만, 멀리 보면 우크라이나가 2004년 오렌지 혁명으로 친서방 서부와 친러시아 동부로 분열된 이후, 2008년 우크라이나를 나토에 편입시켜 러시아 국경에서 서방의 보루로 삼으려는 서방의 노력에 러시아가 실존적 위협을 느끼기 시작한다. 2013년 우크라이나의 대규모 반정부 시위로 친서방 노선이 강화되고, 이 시위에 미국의 네오콘이 개입했다는 정황들이 드러나며 러시아의 위기감은 더욱 고조되었다. 2014년부터는 미국의 지원으로 우크라이나의 군사력이 비약적으로 발전해, 전차와 자주포 등은 독일의 10배 수준에 이르러, 핵을 사용하지 않는다면 우크라이나가 충분히 승기를 잡을 수 있을 정도로 무장되었다. 이렇듯 우크라이나가 사실상의 나토 회원국처럼 행동하면서, 급기야 러시아가 우크라이나를 침공하게 되었다는 것이다. 따라서 전쟁의 궁극적인 원인은 우크라이나를 러시아 국경에서 서방의 보루로 삼으려 한 서방의 결정이었음을 알 수 있다. 이 전쟁의 3대 주체는 러시아, 우크라이나, 서방인데, 여기서 서방은 결국 미국으로, 유럽 동맹국이 워싱턴으로부터 실행 명령을 받기 때문이다. 따라서 미국의 진보학자인 촘스키는 나토를 통한 러시아 해체 기획에 이의를 제기하면서, 러시아의 침공 자체는 잘못이지만 침공을 유도한 나토의 잘못도 마찬가지라고 지적한다. 한신대학교의 이해영 국제정치학 교수는 러-우 전쟁은 미국의 전 세계 지배력 강화를 위한 것이며 글로벌 차원의 세력 재배치를 목표로 고안된 것임을 지적한다. 그는 "우크라이나 전쟁이 어떻게 끝나든, 가장 유력한 미래의 경향은 미국이 주도하는 리버럴 단극체제가 양극 내지 다극체제로 이행할 것"이라 말한다. 그는 러-우 전쟁을 계기로 세계의 축이 흔들리고 이는 한반도에 전례 없는 위기를 몰고 올 것으로 예측한다. 원 · 명 · 청 교체기에 고려가 망하고 조선이 붕괴한 역사를 돌아보면, 한반도는 패권 질서의 지각변동에 즉각적으로 반응하는 장소임을 알 수 있다면서, 서서히 모습을 드러낼 '한미일 삼각동맹', '글로벌 나토' 등 현재 한국이 가입했거나 앞으로 할 예정인 지리 · 정치 · 경제적 양자 · 다자 동맹리스트는 세계에서 비슷한 예를 찾기 힘들 정도로 넓고 복잡해서, 작은 분쟁의 불씨 하나만으로도 그 갈등의 소용돌이 속으로 직진하게 되는 구조가 이미 짜여 있다며 그 위험을 이렇게 경고한다. "이제 한국은 한 번도 경험해보지 못한 혹독한 시험대에 올라가야 한다."

자유주의적 강대국은 평화를 위하는 힘이 아니라 타자에 대한 적대적 힘의 과시를 통한 패권을 추구하기 때문에, 자신들이 도와주려 했던 나라들마저 망칠 것이라는 우려가 많다. 이런 우려가 현실화하지 않도록, 우리도 다극 체제의 도래를 준비해야 한다. 5개 신흥 경제국으로 구성된 브릭스(BRICS, 브라질 · 러시아 · 인도 · 중국 · 남

아프리카공화국)가 사우디아라비아, 이란, 아랍에미리트, 아르헨티나, 이집트, 에티오피아 등 6개 회원국을 추가하며 11개국으로 확대됐다. 회원국이 추가되면서 브릭스는 선진국 중심의 G7에 필적하는 규모로 성장하게 됐다. 시진핑 주석은 지난 22일 브릭스 회의 연설에서 "어떤 나라는 패권적 지위를 잃지 않기 위해 신흥시장국과 개발도상국을 압박하고 있다"며 "각국 인민이 바라는 것은 신냉전이나 소집단이 아니라 평화롭고 안전한 세계"라며 미국을 정조준했다. 이렇게 미국 중심의 단극체제에 현실적 위협이 되는 다극 체제가 형성되면서 미국의 영향력이 약화되는, 이른바 '탈 달러 모멘트'가 될 것으로 보는 시각이 많다.

시인이, 안중근 의사의 이토 히로부미 저격 이후 순국하기까지의 영웅적 삶을 다룬 영화 '영웅'을 보고 쓴 「누가 죄인인가」는 천주교 신자인 안중근의 고뇌를 다룬다. 당시 뮈텔 주교는 안중근의 의거를 '살인'으로 비하하며 천주교도인 안중근의 고백성사와 종부성사를 거부했다. 하지만 안중근의 종부성사를 집전한 빌렘 신부는 그의 이토 저격이 대한독립 나아가 동양평화를 위한 의거였음을 증거했다. 안중근 의사는 공정과 정의 곧 공의가 바탕인 하느님 평화를 이 땅에 실현하고자 하얼빈 의거를 감행했고, 미완의 「동양평화론」을 저술했다. 안 의사는 동아시아의 현재와 미래의 평화 구도의 구체적인 모델을 제시했다는 점에서 선구적인 평화주의자라 할 수 있다. 특히 당시 중국과 일본이 다투고 있는 분쟁지인 여순을 중립화하고, 한중일 3국이 동양평화회의를 조직하며, 3국 공동군단을 창설하고, 아시아판 유로머니인 공동화폐를 사용하여 공동 경제발전을 도모하는 등 동북아 공동안보체제와 지역경제 공동체를 제안했다. 1910년에 이런 선각적인 제안은, 오늘날에도 여전히 동북아와 세계평화의 바탕이 될 수 있다는 점에서 시사하는 바가 크다. 우리나라가 단극체제의 패권 질서에 하부구조가 되는 것이 아니라, 여순의 중립화론을 통해 한반도의 중립적 조정국가론을 펼쳤다는 점은, 지금의 한반도에 평화를 이루는 데 지침이 될 만하다. 더구나 하느님의 공의에 바탕을 둔 평화 정하이라는 점에서, 시인의 '공의로 이루는 평화의 비원'과도 통한다고 할 수 있다. 시인의 간절한 평화에 대한 비원이 평화 만들기로 발전해 나가길 빈다.